Robert Louis Stevenson

»Ein dreistes Plagiat«

Die Geschichte der »Schatzinsel«

»Mein erstes Buch«, gefolgt von
drei erstmals übersetzten Dokumentationen,
herausgegeben von Andreas Nohl

Carl Hanser Verlag

Die Texte sind dem Anhang der von Andreas Nohl
übersetzten und herausgegebenen Ausgabe
der *Schatzinsel* von Robert Louis Stevenson,
Carl Hanser Verlag 2013, entnommen.
Bis auf den Eingangstext »Mein erstes Buch«
wurden sie erstmals in Deutsche übersetzt.

Vorbemerkung

Historischer Hintergrund der folgenden Texte sind die letzten beiden Jahrzehnte von Königin Victoria, die dem Zeitalter ihren Namen gibt. In einem Dorf in den schottischen Highlands verbringt eine Familie ihre Ferien und sieht die Königin in ihrem berühmten Zweispänner vorbeifahren, auf dem Weg nach Schloss Balmoral. Die Idylle wird nur vom Wetter getrübt, und was als literarische Freizeitunterhaltung beginnt, wurde schließlich eines der populärsten Werke der Weltliteratur: *Die Schatzinsel* von Robert Louis Stevenson. Der Autor selbst, seine Frau Fanny und sein Stiefsohn Lloyd Osbourne geben unterschiedliche Schilderungen von der Entstehung. Die Texte von Fanny und Lloyd sowie der Einblick in Stevensons Schreibwerkstatt »Eine Fabel: Die Figuren der Erzählung« erscheinen hier zum ersten Mal auf Deutsch. Wenn Stevenson seinen Roman »ein dreistes Plagiat« nennt, so handelt es sich dabei um eine ironische

Selbstbezichtigung. Und wer *Die Schatzinsel* mit den älteren Werken des Genres vergleicht, kann sich des paradoxen Gefühls nicht erwehren, dass Letztere die Plagiate sind, die an das Original nicht annähernd heranreichen.

Andreas Nohl

Robert Louis Stevenson

Mein erstes Buch

Es war keineswegs mein erstes Buch, denn ich bin nicht nur Romancier. Aber ich bin mir wohl bewusst, dass mein Zahlmeister, das große Publikum, alles, was ich sonst geschrieben habe, mit Gleichgültigkeit, wenn nicht mit Abneigung betrachtet. Wenn es überhaupt meiner gedenkt, dann immer auf die gleiche unvermeidliche Art und Weise. Und wenn man mich bittet, über mein erstes Buch zu sprechen, dann ist ohne jeden Zweifel mein erster Roman gemeint.

Früher oder später, irgendwie und wie auch immer, musste ich ja einen Roman schreiben. Menschen werden mit den unterschiedlichsten Manien geboren: meine war es von frühester Kindheit an, aus erfundenen Ereignissen ein Spiel zu machen. Und sowie ich schreiben konnte, wurde ich ein verlässlicher Freund der Papierhersteller. Hunderte von Bogen Schreibpapier müssen bei der Niederschrift von *Rathillet*,

Pentland Rising, King's Pardon (oder *Park Whitehead*), *Edward Darren, A Country Dance* und der *Vendetta in the West* draufgegangen sein, und es ist tröstlich zu wissen, dass diese Papierstapel nunmehr alle zu Asche geworden und in die Erde zurückgekehrt sind. Ich habe längst nicht alle meiner unseligen Machwerke genannt, sondern nur solche, die es auf einen stattlichen Umfang brachten, bevor ich sie aufgab. Und gleichwohl kosteten sie mich viele Jahre. *Rathillet* nahm ich in Angriff, bevor ich fünfzehn war, *Vendetta* mit neunundzwanzig, und die Reihe der Niederlagen blieb ungebrochen, bis ich einunddreißig war. Zu jener Zeit hatte ich schmale Bücher, kurze Essays und Geschichten geschrieben, und dafür hatte man mir auf die Schulter geklopft und Geld bezahlt – freilich nicht genug, als dass ich davon hätte leben können. Ich hatte mir durchaus Ansehen erworben, ich war ein erfolgreicher Mann. Tag für Tag plagte ich mich, und die Vergeblichkeit meiner Mühen trieb mir zuweilen das Blut ins Gesicht – denn ich investierte zwar meine ganze Kraft in dieses Geschäft, konnte davon aber nicht einmal meinen Lebensunterhalt bestreiten. Und immer noch schwebte mir ein Ideal vor, das ich nicht erreichte. Obgleich ich die Sache nicht weniger als zehn oder zwölf Mal energisch in Angriff genommen hatte, war noch kein Roman zustande gekommen. All meine schönen Versuche gingen mir eine Weile ganz gut von der Hand, doch dann gaben sie unweigerlich den Geist auf – wie die Taschenuhr eines Schuljungen.

Man könnte mich mit einem langjährigen Kricketspieler vergleichen, dem in seiner ganzen Laufbahn kein einziger Run gelungen ist. Jeder kann eine Geschichte schreiben – eine schlechte jedenfalls –, vorausgesetzt, er verfügt über genügend Fleiß und Papier und Zeit. Die Länge ist es, die einem das Genick bricht. Der anerkannte Romancier kann einen Roman anfangen und ihn dann wieder beiseitelegen, fruchtlose Tage mit ihm vertändeln und nicht mehr zu Papier bringen, als er sogleich wieder ausstreicht. Nicht so der Anfänger. Die menschliche Natur fordert ihr Recht: Der Instinkt – der Selbsterhaltungstrieb – verbietet es, dass ein Mensch (sofern er nicht durch das Bewusstsein eines früheren Gelingens ermutigt und gestärkt wird) die Qual nutzloser literarischer Arbeit über einen längeren Zeitraum erträgt, als sich in Wochen bemessen lässt. Es muss etwas da sein, das seine Hoffnung nährt. Dem Anfänger muss eine günstige Brise wehen, er muss eine Glückssträhne haben, er muss eine jener Stunden durchleben, wo die Worte und die Sätze wie von selber aus der Feder fließen – *um überhaupt zu beginnen.* Und wenn er begonnen hat, was für ein Grauen ist es dann, nach vorne zu schauen, bis das Buch einmal vollendet sein wird! Wie lange muss die Brise ihm günstig bleiben, die Glückssträhne anhalten! Die ganze Zeit muss man sich stilistisch auf demselben Niveau bewegen, müssen die Marionetten voller Leben, frei von Widersprüchlichkeiten und tragfähig sein. Ich erinnere mich, dass ich damals vor jedem dreibändigen Roman eine Art Ehrfurcht empfand, ihn als Großtat betrachtete – wenn schon nicht in literarischer Hinsicht, dann doch wegen der körperlichen und moralischen Ausdauer und des Muts.

In dem schicksalhaften Jahr zog ich zu meinen Eltern nach Kinnaird, oberhalb von Pitlochry. Dort wanderte ich über die roten Hochmoore und am goldglitzernden Bach entlang. Die rauhe, reine Luft der Berge weckte unsere Lebensgeister, wenn nicht unseren Schaffensdrang. Meine Frau und ich entwarfen den Plan für ein gemeinsames Buch mit Gespenstergeschichten, für das sie *The Shadow on the Bed* schrieb, während ich *Thrawn Janet* und eine erste Fassung der *Merry Men* zustande brachte. Ich liebe die Luft meiner Heimat, aber sie erwidert diese Liebe nicht, und diese vergnügliche Zeit endete mit einer Erkältung und einem Cantharidenpflaster, und wir zogen über Strandhairdle und Glenshee weiter nach Castleton of Braemar. Dort wehte ein strammer Wind, und es regnete entsprechend. Die Luft war noch unfreundlicher als der Undank der Menschen, und ich musste mich dareinfügen, die meiste Zeit in den vier Wänden eines Hauses zuzubringen, das unter dem traurigen Namen »Cottage der verstorbenen Miss McGregor« bekannt war. Und nun bewundere man den Fingerzeig der Vorsehung. In der Hütte der verstorbenen Miss McGregor befand sich auch ein Schuljunge, der für die Ferien nach Hause gekommen war und etwas Handfestes brauchte, um seinen »Verstand daran zu wetzen«. Er verschwendete keinen Gedanken an Literatur, vielmehr hatte er sich für den Augenblick der Kunst Raffaels zugewandt und mit Hilfe von Feder und Tusche und einem billigen Wasserfarbenkasten im Handumdrehen eines der Zimmer in eine Bildergalerie verwandelt. Meine Aufgabe hierbei war eher die des Galeristen, aber manchmal nahm ich es nicht so genau, gesellte mich sozusagen zu dem Künstler an die Staffelei und verbrachte den Nachmittag mit ihm in edlem Wettstreit bei der Verfertigung kolorierter Zeichnungen. Bei einer dieser Gelegenheiten zeichnete ich die Karte einer Insel. Sie war aufwendig und (wie ich fand) sehr schön koloriert. Ihre Gestalt nahm meine Phantasie sofort gefangen, sie besaß Ankerplätze, die mir anmutig wie Sonette erschienen, und mit dem unbewussten Elan des Auserwählten gab ich meinem Werk den Titel *Schatzinsel*. Es soll wohl Menschen geben, denen Landkarten nichts bedeuten, und ich kann das kaum glauben. Die Namen, die Gestalt der Wälder, der Verlauf der Straßen und Flüsse, prähistorische Fußspuren von Menschen, die sich noch heute hügelauf- und talabwärts verfolgen lassen, Mühlen und Ruinen, Weiher und Fährboote, und auf der Heide vielleicht ein Menhir oder Druiden-Steinkreis: Hier ist eine unerschöpfliche Fundgrube für jeden Interessierten, der Augen hat zu sehen oder für zwei Penny Vorstellungskraft, um zu verstehen. Man muss sich nur erinnern, wie man als Kind im Gras gelegen und in einen unendlichen Wald aus Halmen geschaut hat, wo Heerscharen von Feen aufmarschierten. Ganz ähnlich begannen, wenn ich mich über die Karte der *Schatzinsel* beugte, die zukünftigen Figuren des Buchs sich dort in den Phantasiewäldern zu tummeln. Ihre braunen Gesichter und blitzenden Waffen lugten aus unerwarteten Winkeln hervor, während sie über die Insel pirschten, ihre Kämpfe austrugen und dem Schatz hinterherjagten, und das alles auf den wenigen Quadratzoll einer Kartenprojektion. Bevor ich mich's versah, hatte ich ein paar Blatt Papier vor mir liegen und schrieb eine Liste von Kapiteln darauf. Wie oft habe ich das getan, ohne dass die Sache weiter gediehen wäre! Aber es gab erfolgversprechende Elemente bei diesem Unternehmen. Es sollte eine Geschichte für Jungs sein, ohne viel Psychologie oder feinen Stil, und als Prüfstein hatte ich einen Jungen bei der Hand. Frauen waren ausgeschlossen. Ich wusste nicht, wie man eine Brigg bedient (was die *Hispaniola* eigentlich hätte sein müssen), aber ich fand, ich könnte sie ohne öffentliche Schande als Schoner segeln lassen. Und dann hatte ich eine Idee für John Silver, von der ich mir einen großen Unterhaltungswert versprach: Ich wollte ihn nach einem Freund von mir zeichnen (den der Leser wahrscheinlich ebenso kennt und bewundert wie ich), ihn aller feineren Eigenschaften und höheren Regungen berauben, ihn ganz und gar auf seine Kraft, seinen Mut, seine Geistesgegenwart und wunderbare Leutseligkeit reduzieren, um dies alles dann in der Wesensart eines rauhen Seemanns unterzubringen. Eine solche psychologische Operation ist, glaube ich, eine verbreitete Methode, um eine »Figur zu schaffen«, vielleicht ist es sogar die einzige. Wir können auch den seltsamen Mann verwenden, der mit uns gestern hundert Worte auf der Straße gewechselt hat, aber kennen wir ihn wirklich? Unseren Freund hingegen mit seiner unendlichen charakterlichen Vielfalt und Wandlungsfähigkeit kennen wir – aber können wir ihn verwenden? Auf Ersteren müssen wir sekundäre und imaginäre Eigenschaften aufpfropfen, möglicherweise alle falsch. Vom Zweitgenannten müssen wir, das Messer in der Hand, die nicht benötigten Auswüchse seines Charakters beschneiden oder eliminieren; doch des Stamms und der paar Äste, die noch dranbleiben, können wir immerhin sicher sein.

An einem kalten Septembermorgen begann ich neben einem munteren Kaminfeuer, während der Regen gegen die Fenster trommelte, *The Sea Cook (Der Seekoch)* zu schreiben, denn so lautete der ursprüngliche Titel. Ich habe schon eine Reihe anderer Bücher angefangen (und fertiggeschrieben), aber an keines habe ich mich je mit mehr Behagen gesetzt. Das ist nicht verwunderlich, denn verbotene Früchte schmecken bekanntlich besonders süß. Hier berühre ich einen schmerzlichen Punkt. Ohne Zweifel gehörte der Papagei einst Robinson Crusoe. Ohne Zweifel wurde das Skelett von Poe überliefert. Das stört mich aber wenig, denn es sind nur Bagatellen und Einzelheiten. Niemand kann ein Monopol auf Skelette oder sprechende Vögel erheben. Das Fort, hat man mir gesagt, sei aus *Masterman Ready*. Das mag sein, bekümmert mich aber kein bisschen. Diese nützlichen Schriftsteller haben den Spruch des Dichters erfüllt, denn als sie gingen, hinterließen sie

> Fußspuren im Sand der Zeit;
> Fußspuren, die vielleicht ein anderer ...

und ich war dieser andere! Allein meine Schuld gegenüber Washington Irving belastet mein Gewissen, und zwar zu Recht, denn ich glaube, selten wurde ein dreisteres Plagiat begangen. Vor ein paar Jahren bekam ich – auf der Suche nach Texten für eine Anthologie mit Erzählungen – zufällig seine *Tales of a Traveler* in die Hand, und das Buch traf mich wie ein Donnerschlag: Billy Bones, seine Seemannskiste, die Gesellschaft in der Wirtsstube, die ganze Atmosphäre und ein guter Teil der wichtigen Einzelheiten in meinen ersten Kapiteln – alles war da, alles war das Eigentum von Washington Irving. Aber ich hatte keine Ahnung davon, als ich am Kaminfeuer saß und von einer Art Springflut der Inspiration fortgerissen wurde; auch nicht, als ich Tag für Tag nach dem Mittagessen der Familie mein morgendliches Arbeitspensum vorlas. Mir kam es so originell vor wie die erste Sünde.

Ich hatte mit einem einzelnen Jungen gerechnet, fand unter meinen Zuhörern aber zwei. Mein Vater mit der ihm eigenen kindlichen Abenteuerlust fing sofort Feuer. Seine eigenen Geschichten, mit deren Hilfe er jede Nacht seines Lebens einschlief, drehten sich unabänderlich um Schiffe, Spelunken, Räuber, alte Seemänner und Handlungsreisende vor dem Zeitalter der Dampfmaschine. Keine dieser Abenteuergeschichten führte er je zu Ende: Der glückliche Mann hatte das nicht nötig! Doch in der *Schatzinsel* entdeckte er etwas seiner eigenen Phantasie Verwandtes; es war *seine* Bilderwelt; und er lauschte nicht nur voller Vergnügen dem täglichen Kapitel, sondern wollte aktiv mittun. Als es so weit war, dass Billy Bones Kiste durchwühlt werden musste, hatte er fast einen ganzen Tag damit verbracht, auf der Rückseite eines Briefumschlags die Liste ihres Inventars anzulegen, die ich genau befolgte. Auch der Name von »Flints altem Schiff«, der »Walrus«, wurde auf seinen besonderen Wunsch hin gewählt. Und wer anderes sollte da noch *ex machina* hereinschneien als Doktor Japp, der wie der verkleidete Prinz im letzten Akt den Vorhang über Glück und Frieden fallen lässt, denn er hatte in seiner Tasche zwar kein Füllhorn und keinen Talisman, aber einen Verleger. Er hatte von meinem alten Freund Mr. Henderson nichts weniger als den Auftrag, neue Schriftsteller für »Young Folks« zu entdecken. Selbst die Rücksichtslosigkeit einer vereinten Familie schreckte vor einer so extremen Maßnahme zurück, unserem Gast die verstümmelten Glieder des *Seekochs* zuzumuten. Gleichzeitig wollten wir um keinen Preis unsere Lesungen unterbrechen, und folglich wurde die Erzählung wieder von vorne begonnen und feierlich zu Nutz und Frommen von Doktor Japp noch einmal vorgetragen. Seit jenem Augenblick habe ich eine hohe Meinung von seinen kritischen Fähigkeiten, denn als er uns verließ, hatte er in seinem Handkoffer das Manuskript verstaut.

Hier kam nun alles zusammen, um mich bei der Stange zu halten – Anteilnahme, Unterstützung und nun auch noch eine definitive Publikationszusage. Im Übrigen hatte ich einen sehr leichten Stil gewählt. Man vergleiche ihn mit dem der fast gleichzeitig entstandenen *Merry Men*. Man mag den einen oder den anderen Stil bevorzugen – das ist eine Frage des Charakters, vielleicht auch der Stimmungslage –, aber kein Fachmann wird übersehen, dass der eine viel schwieriger und der andere viel leichter durchzuhalten ist. Ein ausgewachsener, erfahrener Schriftsteller müsste von der *Schatzinsel* wohl eine bestimmte Seitenanzahl täglich produzieren können, ohne dass ihm die Pfeife ausgeht. Aber ach! nicht so bei mir. Fünfzehn Tage blieb ich dabei und brachte fünfzehn Kapitel hervor, um dann in den ersten Absätzen des sechzehnten schmachvoll den Faden zu verlieren. Mein Mund war leer, kein weiteres Wort der *Schatzinsel* ruhte mehr in meiner Brust, stattdessen warteten bereits die Druckfahnen des Anfangs auf mich im »Hand and Spear«! Dort las ich sie Korrektur, war die meiste Zeit allein, wanderte an taufrischen Herbstmorgenden über die Heide bei Weybridge, ziemlich angetan von dem, was ich fertiggebracht hatte, doch zugleich mehr entsetzt, als ich in Worte fassen kann, über das, was an Arbeit noch vor mir lag. Ich war einunddreißig, ich war Familienvorstand, ich hatte meine Gesundheit eingebüßt, hatte aber bisher nie meinen Lebensunterhalt bestritten, hatte bis dato noch nicht einmal zweihundert Pfund im Jahr verdient; mein Vater hatte erst kürzlich ein Buch, das sich als Fehlschlag entpuppte, aufgekauft und vom Markt genommen; war das jetzt ein weiteres und letztes Fiasko? Ich war schier am Verzweifeln, aber ich biss die Zähne zusammen, und auf der Reise nach Davos, wo ich den Winter verbringen sollte, brachte ich die Energie auf, an andere Dinge zu denken, und vergrub mich in die Romane von M. du Boisgobey. Am Ziel angelangt, setzte ich mich eines Morgens an die unfertige Erzählung, und siehe da! Die Worte flossen nur so aus meiner Feder, und in einer zweiten Phase begeisterter Schaffenslust, erneut mit einem Kapitel pro Tag, schloss ich die *Schatzinsel* ab. Das Ganze musste nahezu heimlich geschehen. Meine Frau war krank, der Schuljunge blieb als einziger der Getreuen, und John Addington Symonds (dem ich schüchtern gestand, woran ich gerade arbeitete) sah mich scheel an. Er war damals der Meinung, ich sollte unbedingt über Theophrasts *Charaktere* schreiben – so weit liegen manchmal selbst die klügsten Menschen daneben. Allerdings war Symonds gewiss nicht der Mann, bei dem man Verständnis für eine

Jungengeschichte erwarten konnte. Er war zwar aufgeschlossen, ein »ganzer Mann«, wenn es je einen gab, aber allein der Titel meines Unterfangens bedeutete für ihn nur geistige Kapitulation und stilistische Disziplinlosigkeit. Nun, er hatte nicht so unrecht.

Die *Schatzinsel* – es war Mr. Henderson, der den ersten Titel *Der Schiffskoch* verwarf – erschien wie vereinbart in der Jugendzeitschrift, freilich unehrenhaft in der Mitte und ohne Holzstich-Illustrationen, so dass sie nicht die geringste Aufmerksamkeit erregte. Mir war das gleichgültig. Ich mag die Geschichte einfach aus dem gleichen Grund, aus dem mein Vater den Anfang so mochte: Es war meine Bilderwelt. Auch war ich nicht wenig stolz auf John Silver, und bis heute bewundere ich diesen mit allen Wassern gewaschenen, furchteinflößenden Abenteurer. Was mich aber noch viel mehr beglückte, war, dass ich einen Meilenstein passiert hatte: Ich hatte eine große Erzählung abgeschlossen und unter das Manuskript das Wort »Ende« gesetzt, zum ersten Mal seit *Pentland Rising*, als ich sechzehn und noch nicht im College war. Offen gesagt verdankte sich das Ganze einer Reihe von glücklichen Zufällen: Wäre nicht Doktor Japp bei uns aufgetaucht und wäre mir die Geschichte nicht so leicht von der Hand gegangen, hätte sie das gleiche Schicksal wie ihre Vorgängerinnen erlitten und wäre umstandslos im Kaminfeuer gelandet. Puristen würden das vielleicht für die bessere Lösung halten. Ich bin nicht ihrer Meinung. Die Erzählung scheint viel Freude bereitet zu haben, und sie versorgte zumindest mittelbar eine Familie, an der mir sehr liegt, mit Feuerholz, Wein und Essen. Ich brauche wohl kaum zu betonen, dass es meine eigene ist.

Doch die Abenteuer der *Schatzinsel* sind damit noch nicht ganz am Ende. Ich hatte sie auf eine Landkarte hin geschrieben. Die Karte war der Hauptteil der Romanhandlung. Beispielsweise hatte ich eine kleine Insel »Skelettinsel« genannt, ohne mir darunter etwas Genaueres vorzustellen, nur wegen der unmittelbaren Bildhaftigkeit, und um den Namen zu rechtfertigen, brach ich in Mr. Poes Galerie ein und stahl Flints Wegweiser. Ebenso schickte ich die *Hispaniola* nur deswegen mit Israel Hands auf Irrfahrt, weil ich zwei Ankerplätze geschaffen hatte. Irgendwann fiel die Entscheidung für eine Neupublikation, und ich sandte das Manuskript mitsamt der Karte an Messrs. Cassell. Die Druckfahnen kamen, sie wurden korrigiert, aber ich hörte nichts von der Karte. Ich schrieb und fragte nach, aber man hatte sie nie erhalten. Ich war fassungslos. Es ist *eine* Sache, aus Lust und Laune eine Phantasiekarte zu zeichnen, in einer Ecke nach Belieben einen Maßstab einzutragen und eine dazu passende Geschichte zu schreiben. Etwas *anderes* ist es hingegen, ein ganzes Buch zu überprüfen, ein Verzeichnis aller darin enthaltenen topographischen Hinweise anzulegen und dann mit Hilfe von zwei Kompassen sorgfältig eine Karte zu entwerfen, die all diesen Gegebenheiten entspricht. Das habe ich getan, und die

Karte wurde im Büro meines Vaters, verziert mit Segelschiffen und Wasserspritzenden Walen, noch einmal gezeichnet. Mein Vater brachte seine Gabe für unterschiedliche Handschriften ein und fälschte sorgfältig die Unterschrift von Käptn Flint und die Segelanweisungen von Billy Bones. Aber irgendwie war das für mich nie die *Schatzinsel.*

Ich habe gesagt, die Karte habe den Großteil der Handlungsführung bestimmt – ich könnte beinahe sagen: die ganze. Ein paar Rückgriffe auf Poe, Defoe und Washington Irving, auf eine Ausgabe von Johnsons *Piraten*, des Toten Mannes Kiste aus Kingsleys *At Last*, Erinnerungen an Kanufahrten auf offener See, eine Schiffsreise auf einem 15-Tonnen-Schoner sowie die Karte mit ihren zahllosen Anregungen waren mein ganzes Material. Es kommt wahrscheinlich nicht oft vor, dass eine Landkarte in einer Erzählung eine so prominente Rolle spielt, doch ist sie immer wichtig. Der Autor muss die Gegend, in der seine Geschichte spielt, sei sie imaginär oder wirklich, wie seine Westentasche kennen. Die Entfernungen, die Himmelsrichtungen, der Ort des Sonnenaufgangs, die Phasen des Mondes müssen über jeden Zweifel erhaben sein. Und wie lästig der Mond ist! In *Prinz Otto* bin ich über den Mond gestolpert, und sobald man mir das klargemacht hatte, griff ich zu einer Vorsichtsmaßnahme, die ich auch anderen empfehle – ich schreibe nie mehr ohne Kalender. Mit einem Kalender und einer Landkarte und dem Grundriss jedes Hauses, ob nun tatsächlich auf Papier festgehalten oder klar und deutlich im Geist erfasst, kann der Schriftsteller hoffen, einige der gröbsten Fehler zu vermeiden. Wenn er die Karte vor sich hat, wird er der Sonne kaum erlauben, im Osten unterzugehen, wie es im *Antiquary* geschieht. Mit dem Kalender in der Hand wird er zwei Reitern, die es sehr eilig haben, kaum erlauben, für eine Wegstrecke von, sagen wir, neunzig oder hundert Meilen geschlagene sechs Tage – von montags drei Uhr früh bis samstags spät in der Nacht – unterwegs zu sein, nur um dann, bevor die Woche um ist, noch immer auf denselben Schindmähren fünfzig Meilen an einem Tag zurückzulegen, wie wir es ausführlich in dem unnachahmlichen Roman *Rob Roy* lesen können. Es ist sicher vorteilhaft, wenn auch keineswegs notwendig, solche Patzer zu vermeiden. Aber es ist meine Überzeugung – mein Aberglaube, wenn Sie so wollen –, dass, wer sich treu an seine Karte hält und sie zu Rate zieht und sich täglich und stündlich von ihr anregen lässt, positive Unterstützung erfährt und nicht nur die negative Immunität gegen Fehlgriffe. Die Erzählung hat dort ihre Wurzel, sie gedeiht in diesem Boden; sie hat ein eigenes Rückgrat hinter den Worten. Besser ist es, wenn es die Gegend wirklich gibt und der Schriftsteller jeden Fußbreit erwandert hat und jeden Meilenstein kennt. Doch selbst bei erfundenen Orten tut er gut daran, sich zu Beginn mit einer Karte zu versehen. Während er sie studiert, werden Beziehungen sichtbar, an die er zuvor noch nicht gedacht hatte. Er wird offensichtliche, wenn auch unvorhergesehene Abkürzungen und Pfade für seine Handlungsdiener finden. Und selbst wenn die Karte nicht den ganzen Plot ausmacht wie in der *Schatzinsel*, wird sie eine Fundgrube von Anregungen sein.

Fanny Van de Grift Stevenson

Die Entstehung der »Schatzinsel«

Während unseres ganzen Aufenthalts im Cottage der verstorbenen Miss McGregor war es kalt und regnerisch, auch wenn die Dorfbewohner den unaufhörlichen, eisigen Nieselregen, der einem bis in die Knochen drang, als »ein bisschen Nebel« zu bezeichnen pflegten. In Schottland bedeutet ein schöner Tag offensichtlich, dass es ganz schön nass ist. »Es ist richtig schön draußen«, heißt es, wenn man kaum die Häuser auf der anderen Straßenseite erkennen kann. Königin Victoria, die sich die Herzen der Einheimischen erobert hatte, legte eine echt schottische Unempfindlichkeit in Sachen Witterung an den Tag. Ihre Majestät hatte die Gewohnheit, in Begleitung einiger Hofdamen auszufahren und ihren Tee im Freien einzunehmen. Die Straße nach Balmoral verlief nicht weit hinter dem Cottage der verstorbenen Miss McGregor, und da die Königin immer in einer offenen Kutsche fuhr, den Picknickkorb hinten aufgeschnallt, konnten wir sie im Vorbeifahren deutlich sehen. Unsere Bewunderung für die unverwüstliche alte Dame wurde durch unser Mitleid für die Hofdamen erheblich gedämpft, denen das Rückwärtsfahren auf der Vorderbank anscheinend nicht gut bekam. Ihre bedauernswerten Nasen waren stark gerötet, und sie trugen eine angespannte, um nicht zu sagen verschnupfte Miene zur Schau, während sie kläglich vor sich hin husteten und niesten.

Unsere ersten Gäste waren Mister Sidney Colvin und Mister Edmund Gosse. Von solchen Männern konnten wir kaum erwarten, dass sie den Zerstreuungen einer Dame, und sei es auch ihre eigene Königin, anhaltendes Interesse entgegenbrachten. Andere Freiluftattraktionen hatten wir jedoch nicht zu bieten. Allerdings gab es einen Zeitvertreib, der zumindest unserer Familie enormes Vergnügen bereitete und zu dem wir sie einladen konnten. Wie schon an anderem Ort erzählt, wurde damals eigens für meinen zwölfjährigen Sohn Lloyd Osbourne auf sein inständiges Bitten hin eine Geschichte, die damals noch den Titel *Der Schiffskoch* trug, geschrieben und an den ansonsten ereignislosen Nachmittagen kapitelweise vorgelesen. Die Geschichte war ohne einen bestimmen Vorsatz begonnen worden und sollte lediglich dem Kind die unfreiwillige Abgeschiedenheit etwas erträglicher machen. Doch es gab noch einen zweiten Zuhörer, der genauso leidenschaftlichen Anteil an der Erzählung nahm und stets zielgerichtete und wertvolle Anregungen und Kritik beisteuerte. Der Vortrag meines Mannes war außerordentlich fesselnd und von großer dramatischer Qualität. Nie habe ich etwas Vergleichbares gehört, auch nicht auf der Bühne. Ich kann mich erinnern, wie einmal jemand in einem Raum voller Menschen eine abfällige Bemerkung über Walt Whitman fallen ließ. Ohne ein Wort zu verlieren, griff mein Mann in ein Bücherregal, nahm die *Grasblätter* zur Hand und begann *Ein Fremder aus Alabama* vorzulesen. Als er an der Stelle angelangt war, wo es heißt »Ich glaube fast, ich kann sie sehen«, war die ganze Gesellschaft in Tränen aufgelöst, und der Spötter war von seinen eigenen Gefühlen zum Schweigen gebracht worden. Während nun mein Mann uns jeden Nachmittag ein neues Kapitel vortrug, saß mein Schwiegervater wie in Bann geschlagen da, das stattliche Haupt vorgeneigt, die großen, leuchtenden Augen auf das Gesicht seines Sohnes geheftet. Die Geschehnisse der Erzählung ließen sich deutlich in seinem Mienenspiel ablesen. Bei jedem Schnitzer im Stil, im guten Geschmack oder in der Handlungsführung fuhr er sichtlich zusammen. Ich bin der festen Überzeugung, dass der Welt an Thomas Stevenson ein ungewöhnlicher und großer Mann verlorengegangen ist. Fast konnte man den Kampf sehen, den verkrampfte Konvention und Milieu mit seiner wahren Natur ausfochten. Zum Glück hatte mein Mann von seinem tragischen Vater ausschließlich dessen Genialität und allumfassende Menschlichkeit geerbt. Margaret Stevenson, die so lebte wie ein Vogel singt, nämlich aus purer Freude am Dasein, hatte dagegen ihren natürlichen Frohsinn an ihren Sohn weitergegeben, der alles davon brauchte – und es auch besaß –, um wohlbehalten die eintönige Leidenszeit durchzustehen, die er so viele Jahre lang in ungebrochener Heiterkeit ertrug.

Vor Ankunft unserer Gäste war die *Schatzinsel* lediglich zur Belustigung eines kleinen Jungen gedacht gewesen, den das rauhe Wetter zum Stubenhocken verdammte, doch angesichts der Bewunderung, die die Herren Colvin und Gosse der Geschichte zollten, begann ihr Schöpfer sie ernsthaft als Romanstoff in Betracht zu ziehen; und die von Doktor Japp vermittelte Veröffentlichung des Buches in Fortsetzungen erfüllte den Autor mit neuem Enthusiasmus, gemischt mit einer gewissen Bangigkeit.

Fünfzehn Kapitel wurden in Braemar abgeschlossen und vorgelesen, einige weitere folgten in Weybridge. Doch dann brach unversehens der Herbst über uns herein, und es war an der Zeit, uns nach Davos aufzumachen. Wir nahmen den unvollendeten Roman mit auf die Reise, da wir vorhatten, *en route* einen Aufenthalt einzulegen und mein Mann meinte, er bekäme vielleicht Lust, dem Buch unterwegs ein oder zwei Kapitel hinzuzufügen. Doch leider Gottes führten wir auch noch etwas anderes mit: ein Puppentheater für meinen Jungen, der uns unter der Obhut seines Hauslehrers vorausgereist war; dazu Bogen mit unbemalten Kulissen und einen schönen großen Wasserfarbenkasten, damit Lloyd seine Kulissen eigenhändig bemalen konnte. Als wir am ersten Abend für die Nacht einkehrten, öffneten wir das Gepäckstück mit dem Manuskript, das aber auch die Theaterkulissen und den Malkasten enthielt. Rein zum Zeitvertreib begann ich, die Farben auf einem der Bogen auszuprobieren. Je länger ich malte, desto mehr wuchs mein Eifer, und bald war ich ganz in meiner Tätigkeit versunken. Mein Mann sah mir einen Moment lang zu, und dann erlag auch er den Kulissen. Wir malten und malten, bis die Nacht fast verstrichen war, und hörten erst auf, als unser Material zu Ende ging. *Die Schatzinsel* wanderte in unverändertem Zustand ins Gepäck zurück.

In Davos angekommen, nahm mein Mann die Arbeit wieder auf, allerdings mit Unterbrechungen. Wäre das Buch nicht in Fortsetzungen erschienen, hätte er es möglicherweise nie vollendet. In Hast und Eile einen Fortsetzungsroman zu schreiben, ist eine heikle Angelegenheit. Ich erinnere mich noch an die Bestürzung meines Mannes, als er sich während einer ein- oder zweitägigen Zwischenstation in Lyon niedersetzte, um ein weiteres Kapitel am *Schwarzen Pfeil* abzufassen, aber vergessen hatte, wie er seinen Helden aus einer scheinbar ausweglosen Lage hatte befreien wollen. Ihm blieb nichts anderes übrig, als sich eine neue, etwas lahme Lösung auszudenken, als Ersatz für die ursprünglich geplante spannende und raffinierte Fluchtszene.

Wenn ein Spiel mehr Unterhaltung versprach als

die Arbeit, dann musste sich mein Mann nicht erst lange besinnen. Mit der Begeisterung eines kleinen Jungen entschied er sich jedes Mal für das Spiel, und während er spielte, hatte er keinen Gedanken für irgendetwas anderes übrig. In jenem Winter, unserem zweiten in Davos, hatten wir eine Hütte mit dem Namen »Châlet am Stein« gemietet. Im unteren Geschoss befand sich ein großer Raum, der nicht heizbar war. Dort wurde mit Kreide eine riesige Landkarte auf den blanken Boden gezeichnet, und der Mann und der Junge brachten viele Stunden mit einer Art Kriegsspiel zu, das über meinen Verstand ging. Wenn ihre Finger zu kalt wurden, um noch Schüsse abgeben zu können, kamen sie nach oben, schlotternd und mit blauen Lippen, aber ihre Augen leuchteten, und ihre Gesichter strahlten nur so vor Erregung.

Als meinem Mann dies von den Ärzten untersagt wurde, wandte er sich einem anderen Zeitvertreib zu. Mit Holzscheiben und einem Stichel, die er sich vom ortsansässigen Schreiner beschafft hatte, fertigte er grobe Holzstiche an, setzte Verse darunter und nannte sie *moral emblems*. Daraufhin besorgte ich ihm einige Tafeln aus Birnenholz und ordentliches Werkzeug, doch mit der Beseitigung der Schwierigkeiten schwand auch sein Interesse. So also wurden, unterbrochen von Spielereien, anderweitiger Arbeit und gelegentlichen Krankheitsanfällen, die letzten Seiten des Romans vollendet und vom »Châlet am Stein« aus an den Verleger geschickt.

Bevor mein Mann mit der *Schatzinsel* seinen unerwarteten großen Publikumserfolg erzielte, hatte er sich von seiner Arbeit nicht mehr erhofft oder erwartet als ein bescheidenes Auskommen und vielleicht einen Achtungserfolg. Letzterer war ihm dank der Rezensionen von Kennern wie Philip Gilbert Hamerton, Sidney Colvin und Edmund Gosse so gut wie sicher. Viel ist schon darüber gesagt worden, welche Anstrengungen mein Mann unternahm, das hohe Niveau seines Schreibstils aufrechtzuerhalten. Dabei wird sein Ausspruch vom »emsigen Affen« gerne als Beweis angeführt. Zu Beginn seiner Schriftstellerlaufbahn arbeitete mein Mann tatsächlich sehr hart und ohne Unterlass. Er erkundete alle Pfade auf der Suche nach dem Weg, der der einzig richtige für ihn war. Doch nachdem er diesen Weg erst einmal eingeschlagen hatte, war der emsige Affe nicht mehr vonnöten. Es stimmt zwar, dass er zuweilen schon Geschriebenes noch einmal umschrieb, auch nachdem er »sich gefunden« hatte; aber viel öfter ging ihm die Arbeit ausgesprochen leicht von der Hand, so dass kaum je eine Korrektur erforderlich war. Es ist schon eigenartig, wie ein ungewöhnliches Wort oder eine Wendung so oft aufgegriffen, so überbeansprucht werden kann, dass es zu einer abgedroschenen Phrase wird. Der emsige Affe ist so ein Beispiel. Eine Wendung aus der *Schatzinsel*, die stets unter viel Beifall zitiert worden ist, nämlich »sein Auge funkelte wie ein Krümel Glas«, ließ meinen Mann jedes Mal zusammenzucken, wenn sie ihm unterkam. »Ein Krümel«, sagte er dann stets verachtungsvoll. »Warum ein Glas*krümel*? Besser doch eine kleine Glasscherbe – ein Splitter, irgendetwas aus Glas, aber doch kein Krümel!«

Lloyd Osbourne

Mit den Augen eines Zwölfjährigen

Vor langer Zeit, als kleiner Junge von zwölf Jahren, machte ich Ferien in Schottland mit meiner Mutter und meinem Stiefvater. Dieser war ein unbekannter und erfolgloser Schriftsteller namens Robert Louis Stevenson, dessen Bücher es nie über eine kleine Auflage hinaus schafften. Doch er nahm seinen Misserfolg mit einer Art frohgemuten Gelassenheit hin, die mir als Kind so manchen heftigen Stich versetzte. Ich wusste, dass seine Bücher sehr schlecht waren, denn als eifriger Leser hatte ich mich durch jedes einzelne hindurchgequält. In der Tat waren sie so langweilig, dass mich seine Aussage erstaunte, er könne auf ganze siebenhundertfünfzig Leser zählen.

Ich wünschte meinem Stiefvater, dass er mehr Erfolg hätte, und machte ihm oft zaghafte Vorhaltungen: Da er doch sehr schön schreibe, müsse der Fehler womöglich bei der Wahl seiner Stoffe liegen. Als Antwort brach er in Gelächter aus und sagte mir dann mit heiterer Eindringlichkeit, eines würde er niemals werden: ein viel gelesener Schriftsteller.

Verwunderlich allerdings war die Tatsache, dass er von Mayne Reid, Fenimore Cooper, Jules Verne und Marryat genauso angetan war wie ich. Er hatte also durchaus Sinn für gute Bücher, und mit Sicherheit hätte keiner der siebenhundertfünfzig Leser von *An Inland Voyage* in ihm einen Indianer oder Siedler, einen Forscher oder Marineoffizier vermutet, der (samt seinem Fähnrich) mit Geheimdepeschen in der Tasche an einer feindlichen Küste landete. Mit solchen Geschichten pflegte er zu meiner nicht endenden Freude unsere gemeinsamen Spaziergänge auszuschmücken, so dass ich von Abenteuerromantik erfüllt nach Hause kam. Mein vergötterter Stiefvater war der einfallsreichste Spielgefährte der Welt – und deshalb erschien es mir umso trauriger, dass er außer Stande war, ein lesenswertes Buch zu schreiben.

Wir wohnten damals in einem kleinen Häuschen, das in der Gegend unter dem etwas düsteren Namen »Cottage der verstorbenen Miss McGregor« bekannt war, und dort war ich eines regnerischen Morgens mit meinem Malkasten beschäftigt, eine Inselkarte zu kolorieren, die ich selbst gezeichnet hatte. Als ich gerade letzte Hand daran legte, kam Stevenson herein, blickte mir mit der liebevollen Anteilnahme, die er all meinem Treiben entgegenbrachte, über die Schulter und fing gleich an, die Karte auszugestalten und den Dingen Namen zu geben. Nie werde ich den köstlichen

Schauer vergessen, der mich bei der »Skelettinsel« und dem »Ausguck« durchfuhr, und schon gar nicht den atemberaubenden Höhepunkt: die drei roten Kreuze! Die Krönung von allem aber kam, als er in die rechte obere Ecke »Die Schatzinsel« schrieb! Und er wusste auch so viel darüber – über die Piraten, den vergrabenen Schatz und den Mann, der auf der Insel ausgesetzt worden war. »Ach, wenn es doch nur eine Geschichte darüber gäbe!«, rief ich verzaubert und in dem geheimen Bewusstsein, dass ihn die Idee selber fesselte.

Nachdem er noch einige Namen auf der Karte eingetragen hatte, steckte er sie in die Tasche, und ich kann mich noch gut an die leise Enttäuschung angesichts dieses Verlusts erinnern. Immerhin war es meine Karte, und wegen ihrer Verbindung zu den Piraten war sie mir bereits äußerst kostbar, nicht zu vergessen die Tatsache, dass man sie in einer alten Seemannskiste gefunden hatte, die lange Jahre verloren und vergessen gewesen war. Aber mein Stiefvater nahm sie mit, und am nächsten Tag wurde ich geheimnisvollerweise gegen Mittag in sein Schlafzimmer beordert (er verbrachte den Vormittag immer schreibend im Bett), und gleich als Erstes erblickte ich meine geliebte Landkarte auf der Bettdecke. Immer noch im Unklaren, warum er mich so feierlich zu sich bestellt hatte und nicht wenig stolz und erwartungsvoll, setzte ich mich auf Geheiß meines Stiefvaters hin, während er einige Manuskriptseiten zur Hand nahm und begann, mir das erste Kapitel der *Schatzinsel* vorzulesen.

So kam es, dass eine der größten, die universellste aller Abenteuergeschichten geschrieben wurde, und dass ich an ihrem Beginn beteiligt war, hat mir immer unbeschreibliche Freude bereitet. Ohne mich und meinen kindlichen Malkasten hätte es ein Buch namens *Die Schatzinsel* nicht gegeben.

Robert Louis Stevenson

Eine Fabel.
Die Figuren der Erzählung

Nach dem 32. Kapitel der *Schatzinsel* schlenderten zwei der Figuren hinaus, um eine Pfeife zu rauchen, bevor es mit der Handlung weiterging. Sie trafen sich im Freien, nicht weit von der Geschichte entfernt.

»Guten Morgen, Käptn«, sagte der Erste und salutierte mit strahlendem Gesicht.

»Ach, Silver!«, knurrte der andere. »Sie sind auf der schiefen Bahn.«

»Aber, Käptn Smollett«, widersprach Silver, »Dienst ist Dienst, keiner weiß das besser als ich, aber jetzt sind wir nicht im Dienst, und da können wir doch wohl auf den Moralkram verzichten.«

»Sie sind ein verdammter Halunke, Mann«, sagte der Kapitän.

»Kommen Sie, Käptn, seien Sie gerecht«, erwiderte der andere. »Hat doch keinen Sinn, ernsthaft böse mit mir zu sein. Ich bin bloß ne Figur in ner Seemannsgeschichte. Mich gibt's eigentlich gar nicht.«

»Nun, mich gibt es eigentlich auch nicht«, sagte der Kapitän, »womit wir wohl quitt wären.«

»Man staunt ja immer, worüber ne positive Figur sich aufregt«, antwortete Silver. »Ich bin nun mal der Bösewicht in dieser Geschichte, aber, unter uns Seeleuten, was ist denn so schlimm daran?«

»Hat man Ihnen denn nie den Katechismus beigebracht?«, fragte der Kapitän. »Wissen Sie nicht, dass es so etwas wie einen Autor gibt?«

»So was wie nen Autor?«, erwiderte John spöttisch. »Wer weiß das besser als ich? Nur, der Punkt ist, wenn der Autor Sie gemacht hat, hat er auch Long John gemacht, und er hat Hands und Pew und George Merry gemacht – nicht, dass George viel aufträgt, er ist kaum mehr als 'n Name. Und er hat Flint gemacht, soweit was von ihm da ist; und er hat hier diese Meuterei angezettelt, über die Sie sich so aufregen; und er hat Tim Redruth erschießen lassen – na, wenn das ein Autor ist, dann geben Sie mir lieber Pew!«

»Glauben Sie nicht an eine Zukunft?«, fragte Smollett. »Bilden Sie sich ein, es gäbe nichts weiter als das bislang beschriebene Papier?«

»Da bin ich überfragt«, sagte Silver, »und ich sehe auch nicht, was das damit zu tun hat. Ich weiß nur eins: wenn es so was wie nen Autor gibt, dann bin ich seine Lieblingsfigur. Er behandelt mich um Fadenlängen besser als Sie, um Fadenlängen. Und es macht ihm

Spaß. Mich behält er fast die ganze Zeit an Deck, mit Krücke und allem, während Sie im Schiffsraum versauern, wo Sie keiner sehen kann und auch nicht will, darauf können Sie Gift nehmen! Wenn's einen Autor gibt, Donnerkiel, dann ist er auf meiner Seite, darauf können Sie Gift nehmen.«

»Ich sehe, dass er Sie an der langen Leine führt«, sagte der Kapitän. »Aber das ändert noch lange nichts an seiner Grundüberzeugung. Ich weiß, dass der Autor mich respektiert, das spüre ich in den Knochen. Als Sie und ich dieses Gespräch vor der Blockhaustür hatten, was glauben Sie wohl, auf wessen Seite er da war?«

»Und respektiert er mich etwa nicht?«, rief Silver. »Ha, Sie hätten hören sollen, wie ich die Meuterei gegen mich niedergeschlagen habe, George Merry und Morgan und den ganzen Haufen, gerade erst im letzten Kapitel. Da hätten Sie mal was zu hören gekriegt! Da hätten Sie gesehen, was der Autor von mir hält! Aber jetzt mal ehrlich, halten Sie sich wirklich für einen tugendhaften Charakter, durch und durch?«

»Gott bewahre!«, sagte Kapitän Smollett mit Nachdruck. »Ich bin ein Mann, der versucht, seine Pflicht zu tun und dabei oft genug Unheil anrichtet. Ich bin zuhause nicht sonderlich beliebt, fürchte ich, Silver«, und der Kapitän seufzte.

»Ah«, sagte Silver, »wie steht's dann mit Ihrer Fortsetzung? Sind Sie dann genauso Käptn Smollett wie immer, nicht sonderlich beliebt zuhause, wie Sie sagen? Und wenn ja, dann wird es noch mal die *Schatzinsel*,

Donnerkiel; und ich werde dann wieder Long John sein und Pew wird Pew sein; und wir haben dann noch ne Meuterei, wie's aussieht. Oder sind Sie dann jemand anderes? Und wenn ja, was sind Sie dann Besseres und ich Schlechteres?«

»Sehen Sie«, erwiderte der Kapitän, »ich kann nicht verstehen, wie diese Geschichte überhaupt zustande kommt, oder? Ich begreife nicht, wie Sie und ich, die es gar nicht gibt, hier miteinander reden sollen und unsere Pfeifen rauchen, als ob es Wirklichkeit wäre. Schön und gut, aber wie komme ich dazu, hier meine Meinung hinauszuposaunen? Ich weiß, dass der Autor auf der Seite des Guten steht; das sagt er mir, es fließt so aus seiner Feder, wenn er schreibt. Nun, mehr brauche ich nicht zu wissen. Den Rest überlasse ich dem Schicksal.«

»Gegen George Merry hatte er tatsächlich was«, gab Silver nachdenklich zu. »Aber George ist kaum mehr als 'n Name, wenn's hoch kommt«, fügte er hinzu, und sein Gesicht hellte sich auf. »Und jetzt mal im Ernst: Was ist denn dieses Gute? Ich habe eine Meuterei angezettelt, und ich war Hasardeur, schön, aber bei allen Geschichten, Sie sind auch kein sonderlicher Heiliger. Ich bin ein Mann, der gut mit anderen kann; Sie können's nicht, haben Sie selber gesagt. Und ich weiß aus sicherer Erfahrung, dass Sie die Leute schikanieren können wie 'n Teufel. Aber wer ist nun was? Wer ist gut, und wer ist schlecht? Ja, das sagen Sie mir mal! Da haben wir uns jetzt festgefahren, darauf können Sie Gift nehmen.«

»Keiner von uns ist vollkommen«, antwortete der Kapitän. »Das ist eine religiöse Tatsache, mein Freund. Ich kann nur sagen: Ich versuche meine Pflicht zu tun. Und wenn Sie das Gleiche tun, dann kann ich Ihnen nicht gerade zum Erfolg gratulieren.«

»Dann sind Sie also der Richter, was?«, sagte Silver spöttisch.

»Für Sie würde ich sowohl den Richter als auch den Henker spielen, mein Freund, ohne mit der Wimper zu zucken«, entgegnete der Kapitän. »Aber ich gehe noch weiter: Es ist vielleicht theologisch nicht korrekt, aber der gesunde Menschenverstand sagt einem, dass, was gut ist, auch nützlich ist – oder so ähnlich, denn ich will mich hier nicht als großer Denker aufspielen. Wo sollte denn eine Geschichte hinführen, wenn es keine Guten darin gäbe?«

»Wenn Sie's so rum betrachten«, antwortete Silver, »wo sollte ne Geschichte denn anfangen, wenn's keine Bösewichte gäbe?«

»Ja, das sehe ich ganz ähnlich«, sagte Kapitän Smollett. »Der Autor muss eine Geschichte zusammenbekommen. Das ist sein Ziel, und um eine Geschichte hinzubekommen und um einem Mann wie (sagen wir) dem Doktor eine echte Chance zu geben, muss er Leute wie Sie und Hands einbauen. Aber er steht auf der richtigen Seite, und passen Sie nur auf! Sie sind durch diese Geschichte noch nicht hindurch, Ihnen steht noch Arges bevor!«

»Was wollen wir wetten?«, fragte John.

»Mir andersherum auch egal«, gab der Kapitän zurück, »ich bin nur froh, dass ich Alexander Smollett bin, so schlecht er auch ist. Und auf den Knien danke ich meinen Sternen, dass ich nicht Silver bin. Aber da wird das Tintenfass geöffnet. An die Plätze!«

Und tatsächlich fing der Autor gerade an zu schreiben:

Kapitel 33

. . .

Inhalt

Robert Louis Stevenson
im Carl Hanser Verlag

Die Schatzinsel

Herausgegeben und übersetzt von Andreas Nohl
400 Seiten, 2013

Der große Abenteuerroman der frühen Moderne erzählt von der hindernisreichen Suche nach einem vergrabenen Piratenschatz und ist der bekannteste Roman des schottischen Autors. Er hat seine Leser vom ersten Augenblick an gefesselt und Generationen von Schriftstellern inspiriert.

Liebevoll zeichnet Stevenson die Figuren des mutigen Jungen Jim Hawkins und des gerissenen Seeräubers Long John Silver. Dabei lässt er sie in einer herrlich klassischen Szenerie auftreten: diesseits und jenseits der Reling, lebensgefährlich in der Schwebe und in eingekesselter Bedrängnis.

In ausführlichen Anmerkungen und im Nachwort gibt der Herausgeber und Übersetzer Andreas Nohl Lesehilfen und Hintergrundinformationen zum Autor und zum Roman als ein Stück großer Literatur.

Robert Louis Stevenson im Carl Hanser Verlag

St. Ives

Herausgegeben und übersetzt von Andreas Nohl
520 Seiten, 2011

In der Festung von Edinburgh verliebt sich der französische Kriegsgefangene St. Ives in ein schottisches Mädchen, flieht auf dramatische Weise und wird zum Mörder. Inkognito durchquert er ganz England und zeichnet als Erzähler dabei ein großartiges Porträt von Schottland voller schrulliger und skurriler Typen.

Mit einer gehörigen Portion Ironie erschafft Stevenson einen schillernden Hasardeur zwischen Casanova und Felix Krull, der voller Eloquenz, Witz und entwaffnendem Charme unsere Sympathie auf seine Seite zieht.

Das späte Meisterwerk vom Autor der *Schatzinsel* hat Andreas Nohl neu entdeckt, zum ersten Mal vollständig ins Deutsche übersetzt und mit Anmerkungen versehen. In seinem Nachwort erzählt er die Geschichte dieses dramatischen und stimmungsvollen Romans.

Mark Twain
im Carl Hanser Verlag

Tom Sawyer & Huckleberry Finn
Herausgegeben und übersetzt von Andreas Nohl
712 Seiten, 2010

Floßfahrten und Feuermachen, Ertrinken und Auferstehung, raue Sitten und feine Zwischentöne – konzipiert war *Tom Sawyer* als Gegenbild zu den erbaulichen Kinderbüchern, aber er wurde – zusammen mit der Fortsetzung *Huckleberry Finn* – zu Weltliteratur. Ein halbes Jahrhundert nach der Gesamtübersetzung der beiden Romane gibt der Autor und Übersetzer Andreas Nohl jedem der Protagonisten seine eigene Sprache. Epochemachende Romane über Kindheit und Jugend und über das Leben in den Südstaaten zwischen Religion und Rassismus.

»Die ganze moderne amerikanische Literatur stammt von diesem Buch ab.« *Ernest Hemingway*

»Gratulation zu der großartigen Übersetzung! Sie ist so schön! Die Sprache der Menschen ist so herrlich ohne in verkrampften Slang zu verfallen, er erzählte Teil so wundervoll musikalisch, prall – lebendig! Ein sehr schönes Buch!«
Deutschland Radio Kultur

Klassiker-Neuübersetzungen im Carl Hanser Verlag

Miguel de Cervantes
Don Quijote von der Mancha
Herausgegeben und übersetzt von Susanne Lange
2008. 1488 Seiten

James Fenimore Cooper
Der letzte Mohikaner
Übersetzt, mit einem Nachwort und Anmerkungen von Karen Lauer
2013. 656 Seiten

P. A. F. Choderlos de Laclos
Gefährliche Liebschaften
Herausgegeben und übersetzt von Wolfgang Tschöke
2003. 544 Seiten

Charles Dickens
Große Erwartungen
Herausgegeben und übersetzt von Melanie Walz
2011. 832 Seiten

Emily Dickinson
Gedichte, englisch und deutsch
Herausgegeben und übersetzt von Gunhild Kübler
2006. 560 Seiten

Gustave Flaubert
Madame Bovary
Herausgegeben und übersetzt von Elisabeth Edl
2012. 760 Seiten

Klassiker-Neuübersetzungen im Carl Hanser Verlag

Lew Tolstoi
Krieg und Frieden
Übersetzt und kommentiert von Barbara Conrad
2010. 2288 Seiten

Walt Whitman
Grasblätter
Übersetzt von Jürgen Brôcan
2009. 880 Seiten

1 2 3 4 5 17 16 15 14 13

ISBN 978-3-446-24460-3

Umschlag: Peter-Andreas Hassiepen, München,
unter Verwendung einer Zeichnung von Wolf Erlbruch
Satz im Verlag
Druck und Bindung: GGP Media GmbH, Pößneck
Printed in Germany

MIX
Papier aus verantwortungsvollen Quellen
FSC® C014496